nti libici

L'esperienza di lettura si estende sulla pagina web:

www.santorovincenzo.com

in cui troverai l'**Audio-Libro,** video inediti e molti contenuti supplementari che approfondiscono e arricchiscono i temi contenuti nella storia.

Per consigli, opinioni e impressioni sul libro puoi scrivere all'indirizzo e-mail:

vincenzosantoro.snt@gmail.com

Vincenzo Santoro

ADRIANO
Una Giornata Qualunque

Con la preziosa collaborazione di
Margherita Santoro

Disegni di Irina Savvina

Scritto nel 2017

Indice

Adriano
Una giornata qualunque

Primo capitolo
Chi è Adriano?

Adriano è di origini cilentane[1], ma vive a Roma, dove è proprietario di una piccola trattoria nel cuore di Trastevere, in Piazza San Cosimato. Il suo locale offre piatti alla carta, ogni mattina in bicicletta va al mercato di Campo De' Fiori per fare la spesa.

In estate, nel mese di agosto, fugge dal caldo della capitale per tornare ad Acciaroli, il piccolo paesino del Cilento dove vivono i suoi nonni. È stata la nonna Maria ad insegnargli a cucinare.

---

1 Origini cilentane: del Cilento, zona costiera della Campania.

La notte dorme e sogna i suoi eroi: i protagonisti di film e romanzi.

Adriano vive in una piccola casa in centro, in via Giulio Cesare. La casa è al terzo piano di un palazzo antico. Nella casa, oltre al bagno e una piccola cucina, ci sono la camera da letto e il soggiorno. Nella camera da letto c'è un letto matrimoniale, anche se Adriano vive da solo.

Il letto grande è comodo per quando Francesca, la sua fidanzata milanese, lo va a trovare.

Di solito si incontrano una o al massimo due volte al mese. Ed è sempre Francesca che va a Roma. Raramente Adriano prende il treno in direzione Milano. Ma va bene così, Adriano ha un locale da gestire ed organizzare. Se lui non c'è, chi cucina per i clienti?

Francesca è una studentessa di lettere dell'ultimo anno. Deve fare soltanto un altro esame, quello difficile di storia medievale, che rimanda dal primo anno perché spaventata dai racconti di guerre e pestilenze[2]. E poi non resta che scrivere la tesi. Francesca è indecisa ancora sul tema: Leopardi[3] e la poesia italiana dell'Ottocento o analizzare il suo romanzo preferito, *L'isola di Arturo* di Elsa Morante[4].

---

2 Pestilenze: epidemie di peste.
3 Giacomo Leopardi: poeta e scrittore italiano (Recanati 1798 - Napoli 1837).
4 Elsa Morante: scrittrice, poetessa e traduttrice italiana (Roma 1912 - Roma 1985).

A Francesca quest(
libertà, di viaggi e d

E poi la storia
Procida, dove F
un'estate di quattr

Francesca pens
laurea, ma Adria
si vogliono ben(
anche per chi si

Oltre al lett
grande. La stanza

Nel soggiorno, la stanza preferita di Adri
comodo divano verde e un tavolino pieno di libri e rivi-
ste di cucina. Di fronte al divano c'è una grande televisione e una piccola lampada di metallo. Nel soggiorno
c'è anche un grande balcone. Dal balcone si vede una
piazzetta, dove i bambini giocano a calcio ogni pomeriggio.

La casa è molto disordinata perché Adriano ha poco
tempo libero e quando non lavora dorme.

E quando dorme, sogna.

Ogni mattina mentre beve il caffè ascolta la sua canzone preferita: *I muscoli del capitano* di Francesco De
Gregori[5].

---

5 Francesco De Gregori: cantautore e musicista italiano (Roma 1951).

...referita anche di sua nonna ... il mare.

...na ama fare le cose con calma, non ...ando è stressato o stanco prende la ...l mare a guardare i pescatori.

... CAPIRE MEGLIO

...l Rispondi alle domande.

1. Che lavoro fa Adriano?
a. È proprietario di un ristorante.
b. Fa il cameriere.
c. Lavora al mercato.

2. Dove abita Adriano?
a. Adriano abita a Campo de' Fiori.
b. Adriano abita a Trastevere.
c. Adriano abita in Via Giulio Cesare.

3. Chi è Francesca?
a. Francesca è la fidanzata di Adriano.
b. Francesca è la cuoca della trattoria.
c. Francesca è un'amica di Adriano.

4. Dove abita Francesca?
a. Francesca abita a Roma con Adriano.
b. Francesca abita a Milano.
c. Francesca abita sull'isola di Procida.

5. Qual è la camera preferita di Adriano?
a. La camera da letto.
b. La cucina.
c. Il soggiorno.

Parla come un italiano

2 Abbina le espressioni di sinistra alle definizioni di destra.

1. piatti alla carta   a. viene dal Cilento
2. nel cuore di   b. menù del giorno
3. è di origini cilentane   c. al centro di

Gioca con il lessico

3 Trova l'intruso, cancella la parola inappropriata.

Esempio: colazione - pranzo - ~~casa.~~

a. soggiorno - camera da letto - ~~televisione~~
b. ~~cucina~~ - comodino - tavolo
c. letto matrimoniale - ~~libreria~~ - frigorifero

Un po' di grammatica

4 Scegli la forma corretta del verbo.

1. Adriano **vive/viva/vivo** a Roma ma **è/sono/e** cilentano.
2. Francesca è la sua fidanzata e **abita/abito/abite** a Milano.
3. Francesca **studio/studia/studie** Lettere Classiche all'Università di Milano.
4. Adriano e Francesca non **viviamo/vivono/vive** nella stessa città.
5. Adriano **anda/va/vado** sempre in vacanza ad Acciaroli.

5 Completa con la preposizione corretta, "in" o "a".

Adriano abita_a_Roma_in_Via Giulio Cesare, ma non è di Roma, lui è di Acciaroli. Adriano abita_in_una casa piccola ma accogliente. Adriano va al mercato_in_bicicletta. Francesca vive_a_Milano e frequenta l'Università.
Adriano e Francesca amano viaggiare, sognano di fare un lungo viaggio_in_Africa.

Secondo capitolo
Una giornata qualunque

A: Buongiorno a tutti!

S: Buongiorno Adriano, cosa prendi oggi?

A: Un espresso e un cornetto per favore... Che buono questo caffè... bravo Sergio, sei un artista del caffè!

Rilassato e felice dopo la colazione, Adriano esce dal bar e va al mercato per fare la spesa. Cammina piano, guarda con attenzione le verdure e pensa al menù del giorno. I banchi del mercato offrono molti prodotti freschi.

Adriano è pensieroso e non sa cosa comprare.

F: Adriano, guarda che bei pomodori ci sono oggi, ne vuoi un po'?

A: Certo Franca, ne vorrei un paio di chili.

F: E guarda queste melanzane, cosa cucini oggi in trattoria? Perché non prepari una bella *parmigiana*[1]?

A: Non lo so... vorrei cucinare un po' di pesce. Insieme ai pomodori prendo anche un po' di prezzemolo.

F: Serve altro?

---

1 Parmigiana: piatto tipico della cucina italiana, si prepara con melanzane, pomodoro, mozzarella e parmigiano.

A: No, va bene così! Quanto pago?

F: Allora, ecco a te. I pomodori vengono 3 euro e il prezzemolo lo offro io.

A: Sei sempre molto gentile Franca, buona giornata!

F: Anche a te!

Ma la spesa ancora non è finita.

S: Adriano, dove vai? Vieni qui... guarda queste orate, sono freschissime, con queste viene un *pesce all'acqua pazza* buonissimo, le vuoi?

A: Guardiamo un po'... sono davvero fresche, ne prendo quattro, Sasà!

S: Bravo! Ottima idea. Qualcos'altro?

A: Hai delle vongole veraci[2]? Ne vorrei un paio di chili.

S: Eccole qui, guarda che bellezza[3]! Vongole e orate per te, amico mio. Sono 27 euro.

A: Mamma mia[4]! Un po' di sconto, no? Vengo qui tutte le mattine.

S: Va bene, facciamo 25 euro.

A: Grazie Sasà, sei il migliore!

---

2 Veraci: genuine, fresche.
3 Che bellezza: esclamazione che indica entusiasmo.
4 Mamma mia: esclamazione che indica sorpresa o paura.

ESERCIZI SECONDO CAPITOLO

PER CAPIRE MEGLIO

1 Rispondi alle domande.

1. Che cosa prende Adriano a colazione?
a. Un espresso.
b. Un cornetto.
c. Un espresso e un cornetto.

4. Quanto paga Adriano al banco del pesce (dal pescivendolo)?
a. 25 euro.
b. 27 euro.
c. 3 euro.

2. Dopo la colazione, dove va Adriano?
a. Dalla fruttivendola.
b. Dal pescivendolo.
c. Dal salumiere.

5. Sasà fa lo sconto ad Adriano, perché?
a. Perché Adriano va lì tutte le mattine.
b. Perché le orate sono freschissime.
c. Perché Adriano è il migliore.

3. Cosa compra Adriano al banco della signora Franca?
a. Un paio di chili di pomodori.
b. Due chili di pomodori.
c. Un paio di chili di pomodori e del prezzemolo.

UN PO' DI GRAMMATICA

Vieni qui... guarda queste orate, sono freschissime, con queste viene un pesce all'acqua pazza buonissimo, le vuoi?

- Guardiamo un po'... sono davvero fresche, ne prendo quattro Sasà!

2 Il pronome "le" e il pronome "ne" sostituiscono una parola, quale? Parlane con un compagno e poi completa l'esercizio.

16

3 Completa le frasi con i pronomi diretti *lo, la, li, le* e con il *ne*.

a. La birra__la__preferisci chiara o scura?
b. Buona questa birra,__ne__prendo un'altra!
c. La pizza la amo e__la__mangio tutti i giorni.
d. La pizza mi piace e__ne__mangio molta.
e. Prendo le orate, ma__le__vorrei fresche.
f. Prendo le orate,__ne__ vorrei due chili.
g. Gli spaghetti sono davvero buoni,__ne__prendo volentieri un altro piatto.
h. Gli spaghetti sono davvero buoni,__li__cucino spesso col pomodoro.

4 Inserisci i nomi nella tabella giusta:
Mercato, pescivendolo, dentista, bar, trattoria, ristorante, panetteria, fornaio, pescheria, cinema, salumeria, salumiere.

Vado dal	Vado in	Vado al

LAVORA SUL TESTO

5 Rispondi alle domande.

Osserva il dialogo presente nel testo tra Adriano e Franca la fruttivendola.

Il dialogo è formale o informale? Perché?

6 Trasforma il dialogo da formale a informale.

Al bar

Cameriere: Buongiorno, signora!

Cliente: Buongiorno!

Cameriere: Cosa prende, signora?

Cliente: Un caffè e un cornetto alla marmellata.

Cameriere: Ecco a Lei.

Cliente: Grazie, quanto le devo?

Cameriere: Sono 2.50 euro

Cliente: Ecco a Lei.

Cameriere: Grazie, arrivederLa!

Cliente: ArrivederLa!

Cameriere:_____!

Cliente:_____!

Cameriere: Cosa_____?

Cliente: Un caffè e un cornetto alla marmellata.

Cameriere: Ecco a_____.

Cliente: Grazie, quanto_____devo?

Cameriere: Sono 2.50 euro

Cliente: Ecco a_____.

Cameriere: Grazie,_____!

Cliente:_____!

Gioca con il lessico

7 Segna con una **X** la frutta e la verdura che vedi.

albicocca
pomodoro
cavolo
zucca
mela
pera
kiwi
broccoli
peperone
arancia
melanzana
cetriolo
cipolla
limone
mango
cocomero
banana

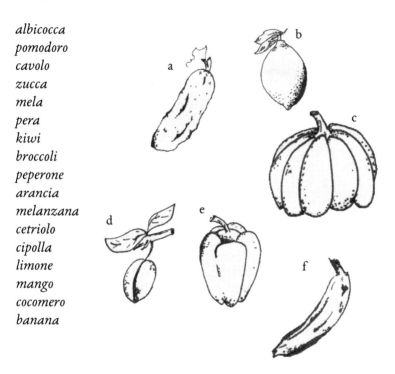

Quattro chiacchiere

Adriano dal fruttivendolo ha comprato due chili di pomodori freschi e il prezzemolo, dal pescivendolo due chili di vongole veraci e quattro orate.

Secondo te che cosa vuole cucinare oggi?

Adesso leggi il terzo capitolo e scopri se la tua ipotesi è corretta.

Terzo capitolo
Ai fornelli

Adriano, ogni mattina, dopo la spesa va in trattoria: *Il pescatore di città*. Spiega il menù del giorno al suo aiuto cuoco etiope, Yaya, guida turistica nel tempo libero, e alla cameriera russa, Oxana, cantante lirica, che vive a Roma per imparare l'italiano.

Lascia la bicicletta fuori ed entra nel suo locale.

La trattoria è piccola e nella sala ci sono in tutto sei tavoli. In un angolo ci sono due poltrone con una libreria dove i clienti, in attesa di mangiare, possono leggere qualcosa.

Alle pareti ci sono vecchie foto di città di mare in bianco e nero e alcuni quadri dipinti da Rolando, il papà di Adriano. Come la casa di Adriano, anche la trattoria è semplice nell'arredamento.

Perché secondo Adriano l'importante è mangiar bene, con prodotti sempre freschi e genuini[1].

In primavera, se non fa troppo caldo, ci sono anche un paio di tavoli fuori, così i clienti più fortunati possono mangiare all'aperto e godere il sole romano.

Ad aspettare lo chef ci sono Yaya e Oxana.

---

1 Genuini: naturali.

A: Buongiorno ragazzi! Che fate di bello?

O: Ciao Adriano, niente di speciale, pulisco i tavoli.

A: E tu Yaya?

Y: Io aspetto la ricetta del giorno.

A: Perfetto. Allora oggi cuciniamo *spaghetti alle vongole* e *orata all'acqua pazza*. Che ne dite?

Y: Ottima idea!

O: Buonissimo, bravo chef!

Y: Allora, qual è la ricetta? Così inizio a preparare gli ingredienti.

A: Gli *spaghetti alle vongole* sono un piatto della tradizione campana e per quattro persone servono:

> *400 gr. di spaghetti;*
> *1 kg di vongole;*
> *1 spicchio d'aglio;*
> *1 mazzetto di prezzemolo;*
> *olio extravergine di oliva;*
> *sale e pepe;*
> *5 o 6 pomodorini.*

Y: Sei sicuro che servono anche i pomodorini?

A: La ricetta originale è senza pomodorini, ma a me piace aggiungere un po' di colore a questo piatto e poi è così che lo cucina mia nonna.

Y: Certo chef, capisco. Mi fido di te.

O: Mmm che buono, ho una fame... Forza ragazzi, iniziamo!

A: Piano, piano... non correre, dobbiamo anche cucinare un secondo.

O: Giusto!

Y: E cosa facciamo?

A: Prepariamo *l'orata all'acqua pazza*, un piatto semplice, veloce e molto saporito[2].

Y: Non conosco questa ricetta, interessante...

A: Allora, apri le orecchie e ascolta bene, ora ti spiego. Per quattro persone servono:

800 gr. di pesce;
300 gr. di pomodorini;
1 ciuffetto di prezzemolo;
4 spicchi d'aglio;
2 cucchiai di olio extravergine di oliva;
1 bicchiere di vino bianco;
1 bicchiere d'acqua;
sale e pepe.

O: Caspita[3]! Non vedo l'ora di provarla... Bravo Adriano.

A: Grazie, Oxana. Adesso, mentre tu organizzi i tavoli e la sala io e Yaya andiamo in cucina.

Y: Perfetto. Allora, cosa devo fare?

---

2 Saporito: con molto sapore.
3 Caspita: esclamazione che indica meraviglia.

A: Tagliare i pomodorini e pulire il pesce, per favore. Io prendo gli altri ingredienti nella dispensa[4].

Adriano quando è in cucina è felice, tranquillo e rilassato. Yaya e Oxana sono dei collaboratori e anche dei buoni amici. A volte però un po' distratti.

Insieme sono una bella squadra, lavorano bene, sempre allegri e di buon umore.

Adriano quando cucina ama ascoltare la musica classica, ma qualche volta ascolta anche volentieri la musica popolare etiope o il rap, così anche Yaya è felice. A lui infatti non piace molto la musica che ascolta lo chef. Hanno gusti diversi. A Oxana invece piace l'opera, ma come tutte le ragazze russe ama anche le canzoni di Adriano Celentano[5] e Toto Cutugno[6].

Gli stessi cantanti che piacciono a nonna Maria.

A: Forza Yaya, vieni qui vicino a me che ti spiego come cucinare gli spaghetti: tagliamo l'aglio a pezzettini e lo mettiamo in padella a rosolare con l'olio. Poi aggiungiamo le vongole e un bicchiere di vino bianco e aspettiamo un po'.

Y: E che facciamo mentre aspettiamo, chef? Io mi annoio...

---

4 Dispensa: locale o credenza in cui si tengono i prodotti alimentari.
5 Adriano Celentano: cantautore, attore e showman italiano (Milano 1938).
6 Toto Cutugno: cantautore, compositore e conduttore televisivo italiano (Tendola 1943).

A: In cucina non ci si annoia mai... vieni qui, beviamo un bicchiere di vino, così cuciniamo meglio!

Y: Giusto, hai sempre delle idee magnifiche! Che bello lavorare con te Adriano, sono proprio fortunato!

A: Vedi, Yaya... le vongole adesso sono aperte, aggiungiamo qualche pomodorino per dare un po' di colore. Fra qualche minuto sarà pronto e possiamo aggiungere la pasta in padella per far amalgamare il tutto. Così il sugo e la pasta si uniscono, come in un abbraccio, come due innamorati. A proposito, Yaya, come va con tua moglie?

Y: Tutto bene, grazie, aspettiamo il nostro terzo figlio...

A: Il terzo figlio? Non ti sembra di esagerare? Mamma mia! Brindiamo al tuo coraggio di uomo e di padre, alla tua salute[7], amico mio!

Y: Grazie chef, sei troppo buono. Ma per me non è coraggio, è tradizione. In Etiopia siamo abituati così. Tutti nella mia famiglia hanno molti bambini.

A: Ma sì! Alla fine fai bene, i figli portano allegria e buon umore. E poi possono aiutarti nei momenti difficili della vita.

Y: Ben detto!

A: Assaggiamo la pasta, Yaya, è pronta?

Y: Ancora un po' cruda.

A: Perfetto, allora adesso possiamo scolarla e aggiungerla al sugo, così completiamo la cottura in padella.

---

7 Alla tua salute: frase che si dice quando si brinda.

Intanto arrivano i primi clienti...

O: Buongiorno e bentornati a *Il pescatore di città*!

C: Salve! Siamo in due.

O: Questo tavolo Le piace?

C: Sì, perfetto. Grazie!

O: Bene! Allora, oggi il nostro chef prepara pesce. Vi piace?

C: Perfetto! Cosa c'è di buono?

O: Come sapete, noi abbiamo solo piatti alla carta con prodotti freschi e oggi proponiamo *spaghetti alle vongole veraci* e *orata all'acqua pazza*. Che ne dite?

C: Stupendo! Ho già l'acquolina in bocca... e poi dalla cucina si sente proprio un buon odorino. Sofia, per te va bene, vero?

S: Certo amore, lo sai che io adoro il pesce. Ne vado pazza.

O: E da bere cosa vi porto?

S: Io vorrei un bicchiere di vino bianco.

O: Secco o fruttato?

S: Io lo preferisco secco, e tu Claudio?

C: Certo, secco va benissimo. Allora prendiamo due calici di vino bianco secco, magari un Fiano di Avellino[8], se c'è.

---

8 Fiano di Avellino: vino bianco prodotto in Campania.

O: Ottima scelta! È anche il mio preferito. Qualcos'altro o va bene così? Non so... prima della pasta gradite una bruschetta al pomodoro e basilico?

C: Perché no! E anche qualche oliva, così per iniziare a mettere qualcosa sotto i denti.

O: D'accordo. Allora vado a prendere il vino. Torno subito.

In cucina Adriano e Yaya continuano a chiacchierare e cucinare allegramente. Oxana entra e chiede come va.

O: Adriano, in sala abbiamo una coppia, sono pronti per mangiare.

A: Perfetto. Siamo prontissimi anche noi.

ESERCIZI TERZO CAPITOLO

PER CAPIRE MEGLIO

1 Rispondi alle domande.

1. Che lavoro fa Yaya?
a. Cuoco.
b. Guida turistica.
c. Aiuto cuoco.

2. Perché Oxana vive in Italia?
a. Per lavorare come cameriera.
b. Per imparare l'italiano.
c. Perché è una cantante lirica.

3. Che genere musicale ama Adriano?
a. Musica rap.
b. Musica classica.
c. Musica italiana.

4. Che genere musicale piace a Yaya?
a. Musica italiana.
b. Musica classica.
c. Musica popolare etiope.

5. Cosa ordinano i clienti come antipasto?
a. Delle olive.
b. Una bruschetta al pomodoro.
c. Una bruschetta al pomodoro e delle olive.

UN PO' DI GRAMMATICA

2 Scegli la forma corretta del verbo piacere, mi piace o mi piacciono.

a. **Mi piace/Mi piacciono** la mozzarella.

b. **Mi piace/Mi piacciono** gli spaghetti alle vongole.

c. Non **mi piace/mi piacciono** la pizza.

d. **Mi piace/Mi piacciono** il caffè.

e. **Mi piace/Mi piacciono** cucinare.

f. Non **mi piace/mi piacciono** fare la spesa al mercato.

GIOCA CON IL LESSICO

3 I verbi in cucina.
Scrivi le frasi accanto all'immagine giusta:

mescolare il ragù, buttare la pasta, aggiungere un po' di vino, tagliare le verdure.

4 Come si fa il ragù alla bolognese?

Completa la ricetta inserendo i verbi giusti:

aggiungere, amalgamare, prendere, aggiungere, evaporare, aggiungere, cuocere, rosolare, salare, mescolare, aggiungere, cuocere, cuocere, buttare, versare, impiattare, scolare, mettere, pepare, tagliare.

_____due spicchi d'aglio, una cipolla, una costa di sedano e una carota in piccoli pezzi.

_____una grande padella e far_____ le verdure con un po' di olio a fuoco basso.

Dopo cinque/sei minuti_____mezzo bicchiere di vino bianco e farlo_____.

_____mezzo chilo di carne macinata.

Far_____il tutto a fuoco lento, magari si può_____un altro mezzo bicchiere di vino, però rosso, questa volta!_____e_____.

_____di tanto in tanto.

Dopo circa dieci/dodici minuti_____due pomodori pelati. Lasciar_____a fuoco basso almeno un'ora.

Intanto, in un'altra pentola,_____l'acqua per_____la pasta. Quando l'acqua è in ebollizione_____500 grammi di tagliatelle all'uo-vo.

Quando la pasta è quasi cotta_____ e_____le tagliatelle nella padella con il ragù.

Lasciar_____la pasta con il ragù e_____. Buon appetito!

PARLA COME UN ITALIANO

5 Che cosa significa?
Abbina i seguenti modi di dire (a, b, c) alle rispettive spiegazioni (1, 2, 3):

a. Avere l'acquolina in bocca.
b. Rifarsi la bocca.
c. Essere di bocca buona.

1. Togliere un sapore sgradevole mangiando qualcosa di buono.
Es. Questo caffè è disgustoso, mi rifaccio la bocca con un cioccolatino.

2. Avere il desiderio di mangiare.
Es. Che buon odore che viene dalla cucina, ho l'acquolina in bocca.

3. Mangiare di tutto.
Es. Mio marito per fortuna è di bocca buona, mangia tutto quello che preparo.

Quarto capitolo
Dopo il dovere... il piacere

Il giorno scorre lento, il lavoro in trattoria non è mai troppo veloce o frenetico. C'è sempre il tempo per preparare con calma i piatti e Adriano, appena può, esce in sala e fa un giro fra i tavoli per chiedere ai clienti se va tutto bene.

A loro piace questa attenzione, perché si sentono coccolati come a casa.

E poi è anche bello vedere Adriano, col suo abito bianco da cuoco e il suo grande cappello, le mani dietro la schiena, che allunga il collo come una giraffa per capire se la sua pasta piace agli ospiti della trattoria. Adriano riesce ad essere delicato e premuroso. Questo ai clienti piace.

Di solito, dopo pranzo, quando la cameriera e l'aiuto cuoco vanno via, Adriano si ferma un po' in trattoria a leggere o semplicemente a sonnecchiare[1].

Poi verso le cinque va in piscina a nuotare o prende la bicicletta e fa una passeggiata sul lungofiume[2], quando il tempo è bello.

---

1 Sonnecchiare: dormire un po', dormire un sonno leggero.
2 Lungofiume: strada che costeggia il fiume.

La sera, gli amici vanno a trovarlo, mangiano qualcosa insieme e poi si fermano a chiacchierare.

Flavio, il traduttore, che conosce a memoria tutte le canzoni di Fabrizio De André[3].

Alice, mamma a tempo pieno appassionata di storia e quiz televisivi, vive a Montesacro, quartiere di Ennio Flaiano[4].

Paul, allenatore di calcio, non esce mai senza il suo cane Laila.

Gabriele, direttore di un piccolo teatro a Rione Monti, a due passi dal Colosseo.

E poi c'è Chiara, la sua amica maestra elementare che ama i gatti e i poeti. Ogni mattina entra in classe e legge una poesia ai suoi studenti. Oggi ha letto questa di Sandro Penna[5]:

*"Io vivere vorrei addormentato
entro il dolce rumore della vita."*

Adriano e i suoi amici si conoscono da molti anni. Hanno tutti studiato insieme all'Università e quando si incontrano scherzano e si raccontano la giornata. Sì, adesso ci sono *Facebook* e *WhatsApp*, ma loro preferiscono sedersi al tavolino della trattoria e tra un bicchie-

---

3 Fabrizio De André: cantautore e musicista italiano (Genova 1949 – Milano 1999).
4 Ennio Flaiano: scrittore, sceneggiatore, collaboratore di Fellini, giornalista, umorista e critico italiano (Pescara 1910 – Roma 1972).
5 Sandro Penna: poeta italiano (Perugia 1906 – Roma 1977).

re di vino o di limoncello parlare, scherzare, guardarsi negli occhi. Sono fatti così, un po' all'antica forse, ma restano degli amici fedeli e sinceri.

Adriano: Buona sera ragazzi, come va?

Paul: Alla grande! E' una serata fantastica. Alice, cos'è quella faccia? Qualcosa che non va?

Alice: No, tutto bene, sono soltanto un po' stanca, il mio bambino non sta mai fermo, adesso inizia anche a camminare... Aiuto! E tu Flavio, cos'è quel librone[6] che hai fra le mani?

Flavio: È un nuovo libro da tradurre, ma devo ancora iniziare. È dura, sono quasi novecento pagine. Non ho il coraggio di aprirlo. E tu Adriano? Che fai di bello?

Adriano: Io? Di bello? Mah[7]... Il solito. Cucino e vado in bicicletta, non male. Poi fortunatamente arriva la sera e ci ritroviamo tutti qui. Decisamente il momento più bello della giornata.

Verso mezzanotte, la trattoria chiude ed Adriano ritorna a casa, attraversa una Roma deserta, letteraria: sui tavolini dei bar chiusi si attardano gruppi di ragazzi in cerca delle turiste americane.

Roma non è cambiata molto, sembra ancora quella descritta da Flaiano e Fellini[8], forse per questo si chiama *città eterna*, perché gli anni passano e lei non cambia mai.

---

6 Librone: un libro grande, che ha molte pagine.
7 Mah: esclamazione che indica incertezza, dubbio.
8 Federico Fellini: famoso regista italiano (Rimini 1920 – Roma 1993).

I gatti che dormono a Piazza Argentina, i tram gialli che ritornano alla stazione, i fiorai sempre aperti e Adriano in bicicletta, che pedala piano verso casa.

ESERCIZI QUARTO CAPITOLO

PER CAPIRE MEGLIO

1 Rispondi alle domande.

1. Cosa fa Adriano quando il tempo è bello?
a. Dorme un po'.
b. Fa un giro in bicicletta.
c. Va in banca.

2. Che lavoro fa Flavio?
a. L'allenatore di calcio.
b. Il traduttore.
c. Il direttore di un piccolo teatro.

3. Chi non esce mai senza il suo cane?
a. Flavio.
b. Alice.
c. Paul.

4. Qual è il momento migliore della giornata di Adriano?
a. Quando pedala.
b. Quando parla con gli amici.
c. Quando cucina.

5. Come ritorna Adriano a casa?
a. A piedi.
b. In bicicletta.
c. In tram.

Un po' di grammatica

2 Completa la tabella inserendo il femminile o il maschile dei nomi.

Il traduttore	
	La direttrice
	La maestra
Il cuoco	
L'allenatore	
	La professoressa
Il cameriere	
Il cantante	

Esplora il testo

3 Indovina chi.

Cosa fanno gli amici di Adriano nel tempo libero?

Abbina il nome all'attività.

Flavio

Chiara

Alice

Paul

Gabriele

1. Nel tempo libero ascolta la musica italiana.

2. Nel tempo libero scrive sceneggiature.

3. Nel tempo libero va in palestra.

4. Nel tempo libero scrive poesie.

5. Nel tempo libero guarda la tv e legge.

GIOCA CON IL LESSICO

4 Abbina le espressioni di sinistra alle definizioni di destra.

1. a due passi
2. a tempo pieno
3. a memoria

a. per tutta la giornata
b. esattamente, parola per parola
c. vicino

QUATTRO CHIACCHIERE

Rispondi alle domande e confrontati con un compagno.

A Chiara piacciono i gatti. A te piacciono gli animali? Se sì, quali?

A Flavio piace la musica di Fabrizio De André. Conosci questo cantante?

Ad Alice piacciono i quiz televisivi. A te piacciono?

Quinto capitolo
Il sogno di Adriano

Adriano rientra a casa, accende la tv ma non la guarda. Fanno un vecchio film dove uomini a cavallo attraversano un deserto di sabbia. Si poggia sul divano, si rilassa e dopo poco si addormenta.

Piano, i suoni provenienti dallo schermo si confondono con i pensieri di Adriano e le battute[1] degli attori si mischiano ai suoi sogni. Adriano adesso è a cavallo anche lui, da qualche parte in un deserto africano.

Corre veloce nella luce calda e densa del tramonto. La sabbia nel sole è di colore rosa pallido. La linea dell'orizzonte si confonde con il cielo e le dune di sabbia sembrano disegnate dalla mano abile di un pittore, per quanto sono perfette.

Il nostro cavaliere indossa un turbante giallo e ha la barba lunga. Il suo lungo vestito di cotone si muove al vento e Adriano più che galoppare[2] sembra volare. Ma è

---

1 Battute: in un dialogo sono le frasi dette dagli attori.
2 Galoppare: andare a cavallo.

solo un'illusione. Dietro di lui ci sono i suoi uomini, il suo piccolo esercito.

E partono alla carica.

Ma non hanno armi e nessuno da affrontare. A loro piace giocare alla guerra, così, per divertimento, perché il deserto è noioso. Non succede mai niente di interessante.

Prima che il sole tramonti del tutto devono trovare un posto dove passare la notte, dove poter montare le tende. Gli uomini a cavallo conoscono bene il territorio e infatti dopo poco decidono di fermarsi in un'oasi[3], tra palme e fiori, non lontani da un fiume che scorre lento fra la sabbia e le pietre.

Fermano i cavalli e si preparano ad organizzare un piccolo accampamento[4] notturno.

Adriano, come sempre, osserva i suoi uomini da lontano mentre scrive sul diario di viaggio i suoi pensieri, come un buon comandante deve fare prima di andare a dormire.

Ma oggi non ci sono molte cose da scrivere e la pagina resta bianca. È stanco anche di ricordare. Mentre i suoi uomini tranquilli e silenziosi finiscono di montare le tende, si sentono delle urla e una giovane bellissima donna avvicinarsi spaventata.

---

3 Oasi: zona del deserto con piante, vegetazione e acqua.
4 Accampamento: alloggio all'aperto in tenda di un esercito.

ESERCIZI QUINTO CAPITOLO

Per capire meglio

1 Rispondi alle domande.

1. Cosa fa Adriano quando torna a casa?
a. Legge un libro.
b. Va a dormire.
c. Accende la tv.

2. Cosa guarda Adriano in tv?
a. Un vecchio film.
b. Un telegiornale.
c. Un documentario sul deserto africano.

3. Perché Adriano è nel deserto?
a. Sta sognando.
b. È in viaggio nel deserto.
c. Vive nel deserto.

4. Dove passano la notte Adriano e i suoi uomini?
a. Dormono in albergo.
b. Dormono in tenda.
c. Dormono a casa di Adriano.

5. Cosa succede alla fine del racconto?
a. Arriva una donna bellissima e impaurita.
b. Arriva una donna bellissima e allegra.
c. Arriva una donna stanca.

Un po' di grammatica

2 Completa con la forma corretta dei verbi:
riposarsi, alzarsi, vestirsi, lavarsi, rilassarsi, svegliarsi.

a. Io_____ogni giorno alle 9, ma poi resto a letto fino alle 9:30.

b. Andrea e Marco_____sempre tardi la domenica.

c. Dopo il lavoro Teresa è stanca e quindi_____un po'.

d. Dopo l'allenamento Giovanni torna a casa e_____ con una bella doccia calda.

e. Tu_____sempre elegantemente per andare in ufficio?

f. I bambini la sera_____i denti e poi vanno a letto.

3 Completa le frasi con i verbi al presente.
Riflessivo si, riflessivo no...

a. Il parrucchiere (**lavare**)_____i capelli alle sue clienti.

b. Il parrucchiere (**lavarsi**)_____le mani.

c. Francesca (**svegliarsi**)_____presto la mattina.

d. Francesca tutte le mattine (**svegliare**)_____i suoi figli.

e. Arturo (**allenare**)_____la sua squadra di calcio.

f. Arturo (**allenarsi**)_____tre volte alla settimana in palestra.

Parla come un italiano

4 Abbina le espressioni di sinistra alle definizioni di destra.

1. pagina bianca
2. vedere tutto nero
3. vedere tutto rosa
4. passare la notte in bianco
5. essere bianco dalla paura

a. essere pessimista
b. avere molta paura
c. passare la notte senza dormire
d. pagina vuota, senza testo
e. essere ottimista

Quattro chiacchiere

Rispondi alle domande e confrontati con un compagno.

Cosa fai la sera quando torni a casa?

Guardi la tv o leggi un libro?

Anche tu come Adriano ti addormenti sul divano?

Sesto capitolo
Una visita inattesa

La ragazza si butta fra le sue braccia pregandolo di aiutarla.

Adriano ordina subito ai suoi uomini di accendere il fuoco e di preparare il tè che serve per calmare la ragazza.

La giovane donna è di una bellezza strabiliante. Ha due grandi occhi verdi e profondi come il mare, belli nonostante le lacrime. I capelli sono coperti da una grande sciarpa di seta blu. Il viso dolce ma spaventato è nero come una notte senza luna. Le labbra tremano e riescono solo a pronunciare una parola: aiuto!

La misteriosa ragazza trema e ha freddo. Adriano la copre con il suo mantello e i due si avvicinano al fuoco per bere il tè. Adriano ordina ai suoi uomini di entrare nelle tende e la ragazza inizia il suo racconto...

— Mi chiamo Amira e fuggo perché domani devo sposarmi, ma non amo Serse, il mio futuro marito. Lui è una persona cattiva e arrogante e rende la mia vita un inferno. Se devo vivere con lui preferisco la morte.

Ti prego, posso restare qui con te? Hai gli occhi dolci, mi sembri una persona gentile, ti prego, ho bisogno di un posto dove passare la notte.

Adriano, da vero gentiluomo, dice di sì, ma ad una condizione:

— Certo che puoi restare, però devi raccontarmi qualcosa in più della tua storia. Per capire se posso fidarmi di te. D'accordo?

— Grazie mille, mio nuovo amico, ti racconto tutta la mia storia, rispondo a tutte le tue domande. Grazie, grazie infinite.

La notte passa veloce mentre Amira, come una moderna Sherazad[1], lo incanta con una lunghissima storia fatta di intrighi e luoghi lontani e misteriosi. Intanto il sole sale alla conquista del cielo facendosi spazio fra le tante stelle africane. Adriano, da buon comandante, è l'ultimo ad addormentarsi e il primo a svegliarsi al mattino.

I suoi uomini si svegliano lenti. Adriano fuma la pipa in attesa della colazione. Amira dorme ancora, il suo viso è ora tranquillo, ma stanco per la paura e per la notte passata a raccontare.

Gli uomini iniziano a preparare la colazione, intorno al fuoco sempre acceso per riscaldarsi e per tenere

---

1 Sherazad: giovane donna, protagonista e narratrice del libro *Le mille e una notte*.

lontani gli animali, stendono un grosso e pesante tappeto di ciniglia[2].

Per colazione ci sono frutta fresca, tè e caffè. Adriano, come ogni mattina, beve solo un caffè lungo e nero, mentre fuma dalla sua pipa e riordina i pensieri. I suoi uomini invece mangiano ogni tipo di frutta: meloni, arance, uva, mandorle, mandarini e datteri. Amira beve solo una tazza di tè con delle foglie di menta e delle mandorle, come glielo prepara sempre sua mamma.

Subito dopo la colazione la carovana si mette in marcia[3]. Mentre gli uomini smontano l'accampamento notturno, facendo attenzione a cancellare ogni traccia di sosta umana, Adriano studia il percorso da fare per accompagnare Amira al porto più vicino. Da dove può imbarcarsi per il continente, raggiungere la sua famiglia e sfuggire al suo destino infausto.

---

2 Ciniglia: tessuto peloso, utilizzato spesso per i tappeti.
3 Si mette in marcia: comincia una lunga passeggiata.

ESERCIZI SESTO CAPITOLO

PER CAPIRE MEGLIO

1 Rispondi alle domande.

1. Perché le labbra di Amira tremano?
a. È stanca.
b. Ha paura.
c. Ha freddo.

2. Perché fugge Amira?
a. Nasconde un segreto.
b. Non vuole sposarsi.
c. Ha paura della guerra.

3. Adriano...
a. non può aiutare Amira.
b. la aiuta ma solo se lei gli racconta tutta la sua storia.
c. non vuole aiutare Amira.

4. Cosa mangia Adriano a colazione?
a. Cereali tostati.
b. Beve solo un caffè.
c. Beve solo un bicchiere di latte.

5. Cosa mangiano gli uomini di Adriano?
a. Fanno un'abbondante colazione.
b. Bevono solo del tè.
c. Non hanno il tempo di mangiare.

GIOCA CON IL LESSICO

2 Cancella l'aggettivo sbagliato.

a. Una signora **giovane/bella/antica**.
b. Un ragazzo **lungo/alto/magro**.
c. Una casa **vecchia/giovane/grande**.
d. Un bambino **educato/tranquillo/giovane**.
e. Un uomo **coraggioso/elegante/nuovo**.

Un po' di grammatica

3 Essere o avere?
Scegli il verbo corretto:

a. Amira *è/ha* freddo.
b. Il comandante non *ha/è* mai paura.
c. La giovane donna *è/ha* bellissima.
d. Gli uomini *hanno/sono* fame.
e. Il cavallo *è/ha* stanco.
f. Il deserto *è/ha* tranquillo.

4 Completa il testo con i seguenti verbi:
si veste, si svegliano, beve, tagliano, prepara, mangiano, fuma, beve.

Tutti_____all'alba.
Il capitano_____e_____in attesa della colazione. La giovane donna_____tè
e caffè mentre gli uomini_____la frutta. Il capitano_____solo un caffè nero. I
suoi uomini invece_____ogni tipo di frutta.
Amira_____un tè.

Gioca con il lessico

5 Abbina i nomi agli aggettivi giusti.

1. Occhi   a. sottili

2. Capelli   b. verdi

3. Labbra   c. grande

4. Naso   d. rotondo

5. Viso   e. lisci

6 Scrivi il nome giusto accanto alla parte del corpo:

piede, orecchio, braccio, testa, gamba, pancia, mano.

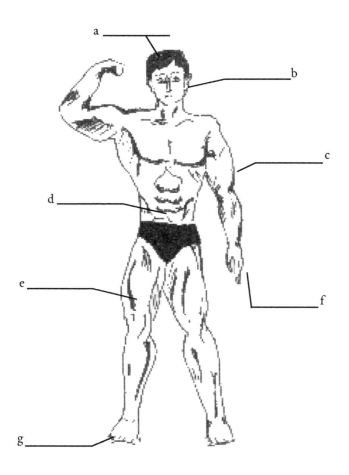

a _____

b

c

d _____

e _____

f

g _____

QUATTRO CHIACCHIERE

E tu cosa mangi a colazione? Parlane con un compagno.

Settimo capitolo
Inizia l'avventura

Il comandante chiama a raccolta i suoi uomini e gli spiega che questa volta non è uno scherzo, che non si gioca, che hanno, per la prima volta nella loro vita, una missione da compiere, rischiosa ma di grande valore. Devono scortare[1] una donna in pericolo, devono salvare la vita di una persona, mettendo in pericolo la loro.

Il suo piccolo esercito è entusiasta e deciso. Tutti sono d'accordo ed emozionati per questa avventura. Certo, sono coscienti del pericolo, ma determinati e coraggiosi.

Il perfido Serse sta cercando la sua fidanzata e farà di tutto per impedirle di lasciare il paese. Gli uomini sono pronti. L'aria è tesa e densa di preoccupazione. Adriano sale a cavallo e con lui Amira.

Alza il braccio destro per indicare la strada.

Il comandante non tiene mai paura, dritto sul cavallo fuma la pipa e guarda sicuro l'orizzonte, aldilà delle dune, oltre il confine tra la terra e il cielo. C'è ancora un po' di nebbia, in questa alba triste e scura, che rassomiglia un po' alla vita. Il futuro é come una palla di cannone accesa, il comandante dice al suo secondo di

---

1 Scortare: accompagnare una persona, proteggere una persona.

montare a cavallo *tanto c'è solo un po' di nebbia che annuncia il sole, forza, andiamo avanti tranquillamente*[2].

Basta seguire il fiume fino al mare, senza mai allontanarsi troppo, fino al porto di Tarables, da dove Amira può imbarcarsi e raggiungere le coste di Alm, dove la sua famiglia ha una casa e una piccola fattoria. Dove il clima è mite tutto l'anno, come un'eterna primavera. Dove nulla e nessuno può impedire la felicità di una vita laboriosa e serena.

Il papà di Amira, Abudena, fa il pastore e la mamma Nayrooz, la sarta. La sorella invece è ancora troppo piccola per lavorare. Passa la sue giornate aiutando la mamma in cucina e leggendo libri di fiabe e di avventure, sogna un giorno di essere la protagonista di una di queste storie. Come oggi accade alla sua sorella maggiore.

La carovana[3] parte. Il sole è alto e il rumore dell'acqua che scorre veloce accompagna gli uomini a cavallo in questa valorosa avventura. Nessuno parla, tutti sono concentrati e attenti a qualsiasi suono diverso dal rumore dell'acqua e dagli zoccoli[4] dei cavalli che accarezzano il deserto.

La sabbia è ancora molto compatta dopo le basse temperature della notte. Gli zoccoli dei cavalli fanno fatica a imprimere le loro orme nella sabbia del matti-

---

2 *Il comandante* [...] *tranquillamente*, corsivo testo da "I muscoli del capitano" di Francesco De Gregori.
3 Carovana: gruppo di animali e persone che viaggiano insieme.
4 Zoccoli: grosse unghie dei cavalli.

49

no che non lascia traccia, è come un amico fidato, che aiuta la carovana a fuggire silenziosa.

Per Serse così è più difficile inseguire la sua bella Amira.

All'alba la sabbia assume un colore arancione e più il sole sale più diventa rossa. La prima parte del viaggio è la scoperta del deserto silenzioso e infinito. Tutto sembra uguale e monotono, ma gli occhi attenti del comandante sanno distinguere e capire le differenze, anche piccole, fra dune e colline, tra pianure e dislivelli.

Dopo un'ora di viaggio la carovana deve attraversare il passo di Takharkory, conosciuto anche con il nome leggendario e spaventoso di *Duna del non ritorno*.

La duna infatti, tanto bella quanto pericolosa, è famosa per nascondere delle sabbie mobili[5] che inghiottono qualsiasi uomo o animale sprovveduto[6].

Ciò non spaventa l'esperto Adriano che sa come fare e ci scherza anche su. Fa parte del suo carattere spregiudicato ed ironico, ma conscio del pericolo e della responsabilità che ha verso i suoi uomini e verso Amira.

Dopo aver attraversato agilmente e senza rischio la *Duna del non ritorno* si dirigono verso l'altopiano[7], dove i cavalli hanno bisogno di molta forza per affron-

---

5 Sabbie mobili: zona formata da sabbia fangosa difficile da attraversare.
6 Sprovveduto: inesperto, impreparato.
7 Altopiano: territorio pianeggiante posto almeno a 300 metri sul livello del mare.

tare la scalata. Dove le dune sono talmente alte che una volta in cima non si riesce a vedere la sabbia in basso e si ha paura di precipitare. Proprio come sulle montagne russe.

L'acqua del fiume che seguono come una stella cometa li guida tra piste sabbiose e valli rocciose scolpite dal vento. Finalmente arrivano all'altopiano, da dove dominano una meravigliosa vallata. La vista è mozzafiato. La carovana, prima di affrontare la scalata, si ferma ad osservare estasiata questo paesaggio quasi lunare. Infatti sembra di essere su un altro pianeta.

La sabbia avvolge e protegge rocce scolpite nei modi più strani. Il vento, negli anni, si è divertito a modellare queste rocce formando archi doppi e tripli, attraverso i quali gli uomini di Adriano si divertono a passare e sfiorare con le dita le estremità.

Attraversato l'altopiano adesso si va per il Wadi, letto di un torrente[8] senza più alcuna traccia di acqua. Lasciato il Wadi alle spalle si arriva a Mathendous, una vallata caratterizzata da diversi e affascinanti graffiti rupestri[9].

Ogni volta che Adriano passa da qui non può fare a meno di fermarsi a contemplare queste primitive forme d'arte. I graffiti, alcuni disegnati, altri incisi, raccontano scene di vita passata, ma anche animali dalla forma strana che non esistono più nel nostro mondo.

---

8 Letto di un torrente: parte di terra ricoperta dall'acqua che scorre.
9 Graffiti rupestri: disegni preistorici realizzati sulla pietra.

Adriano decide di fare una pausa per mostrare ad Amira questi disegni che testimoniano la vita nel deserto dei loro antenati. Gli uomini scendono da cavallo e si lasciano rapire da queste immagini cariche di forza e di significato.

Adriano ordina ai suoi uomini di rimettersi in marcia, e di stare attenti, perché Serse può essere sulle loro tracce.

Nonostante il compito importante che devono portare a termine, il comandante cerca di regalare momenti di tranquillità alla carovana, impegnata per la prima volta in un'impresa seria e pericolosa.

ESERCIZI SETTIMO CAPITOLO

PER CAPIRE MEGLIO

1 Rispondi alle domande.

1. Dove vuole andare Amira?
a. Ad Alm.
b. A Tarables.
c. A Roma.

2. Amira ha?
a. Una sorella più piccola.
b. Un fratello e una sorella.
c. Un fratello più grande.

3. Che lavoro fa il padre di Amira?
a. Il marinaio.
b. Il pastore.
c. Il sarto.

4. "La Duna del non ritorno" è pericolosa perché?
a. Fa un caldo insopportabile.
b. È una porta per l'Inferno.
c. Nasconde sabbie mobili.

5. Cosa raffigurano i graffiti?
a. Antichi dinosauri.
b. Scene di vita e animali.
c. Le tavole di Mosè.

Un po' di grammatica

2 Completa la tabella inserendo il singolare e il plurale dei nomi.

Il sarto	
	I marinai
Lo scrittore	
	Le maestre
	Gli studenti
Il cuoco	
	I traduttori

3 Che cosa stanno facendo?

Il perfido Serse sta cercando la sua fidanzata.

Forma delle frasi con stare più gerundio con i seguenti verbi come nell'esempio: *leggere, ascoltare, prendere, fare.*

La ragazza sta leggendo un libro.

Lessico

4 Scrivi il nome sotto l'immagine: *duna, deserto, oasi.*

_____   _____   _____

5 Ascolta la canzone "I muscoli del capitano" di F. Gregori e rispondi alle domande:

La nave attraversa il mare di notte o di giorno?
Il capitano ha paura?
Chi c'è in mezzo al mare?

6 Adesso inserisci le seguenti parole negli spazi vuoti:
Alba, notte, onde.

Guarda i muscoli del capitano,
tutti di plastica e di metano.
Guardalo nella_____che viene,
quanto sangue ha nelle vene.
Il capitano non tiene mai paura,
dritto sul cassero, fuma la pipa,
in questa_____fresca e scura
che rassomiglia un po' alla vita.
E poi il capitano, se vuole,
si leva l'ancora dai pantaloni e la getta nelle_____e chiama forte quando vuole qualcosa, qualcuno,
c'è sempre uno che gli risponde.

55

Riascolta un'ultima volta la canzone e controlla.

7 Inserisci le seguenti parole negli spazi vuoti:

Lampi, notte, alba, mare, nebbia, stelle, fulmine, onde.

1. La_____è lunga e buia quando le_____non illuminano il cielo.

2. Il_____annuncia un temporale.

3. Maria ha paura dei_____e dei tuoni.

4. In estate vado sempre al_____in Sardegna e faccio il bagno nelle_____blu.

5. È pericoloso guidare quando c'è la_____.

6. Stasera vado a dormire presto perché domani devo svegliarmi all'_____.

Ottavo capitolo
Il peggio è passato

Tutti sono adesso a cavallo con Adriano sempre in testa a guidare il gruppo. Amira sembra tranquilla ma i suoi occhi tradiscono la paura. La paura di non riuscire a imbarcarsi e di non rivedere più la sua famiglia. Adriano capisce con uno sguardo la tensione della ragazza e la stringe forte a sé.

— Non preoccuparti Amira, ci aspetta ancora un intenso percorso, ma siamo ormai a metà del nostro cammino. Adesso attraversiamo la zona dei laghi colorati. Questi laghi possono essere rossi, blu o verdi, dipende se ci sono o no i gamberetti. Ti piacciono i gamberetti, Amira? A me tanto, mi piace pescarli con le mani e mangiarli così, freschi, giusto con qualche goccia di limone su. Ma una volta ne ho mangiati talmente tanti che mi è venuto un mal di pancia fortissimo e da allora, ogni volta che penso ai gamberetti mi gira la testa...

e infatti Adriano quasi cade goffamente da cavallo.

Amira scoppia a ridere e le torna il buon umore.

— Ancora un po' di pazienza e prima di sera saremo nel porto di Tarables. — dice Adriano.

Un bravo comandante sa come portare il buon umore nel cuore di chi è in pericolo.

— Bravo Adriano! — gridano i suoi uomini, contenti di avere lui al comando.

Adesso il sole è alto nel cielo, e lo occupa maestoso e fiero. Come un leone a guardia della giungla protegge il cielo dalle nuvole e dalla pioggia. Non ci sono palme o altri ripari a fare ombra. Il sole è forte e potente e non si può far altro che continuare ad andare senza scoraggiarsi o farsi tradire dalle allucinazioni[1].

La temperatura infatti può arrivare quasi fino a 60 gradi. E quando impazza il famoso vento del deserto, il Ghibli, si ha paura di perdersi perché la sabbia vola forte e tutt'intorno è rosso da far paura. Ma il Ghibli soffia soprattutto in primavera e adesso siamo appena alla fine di ottobre.

La carovana avanza stancamente. Il caldo è terrificante e viene voglia di fermarsi a riposare. Ma il comandante ripete a tutti l'antico detto dei Tuareg:

"Mettiti in cammino, anche se l'ora non ti piace.
Quando arriverai l'ora ti sarà comunque gradita."

E su queste parole e sulle note della tromba di Ahmed continua il viaggio. Ahmed è il braccio destro di Adriano. È un Tuareg ed è fiero di esserlo. Tuareg significa popolo dimenticato da Dio. Sono nomadi che vivono con poche leggi e gli unici veramente liberi di vivere

---

1 Allucinazioni: vedere persone o cose che in realtà non esistono.

nell'immensità del deserto.

Ahmed ha gli occhi neri come il carbone. Bruno di viso, alto e dritto. Indossa un copricapo[2] che riflette la sua tinta forte anche sul volto, che si tinge di blu. Quando Adriano è indeciso sulla direzione da prendere chiede aiuto ad Ahmed, che conosce il Sahara come le sue tasche. Perché nel deserto basta un attimo di distrazione per perdersi e non ritrovare più la strada di casa.

Il Sahara infatti è il più vasto deserto arido della terra e attraversa una decina di Stati africani. È uno spazio immenso: le sue dune arrivano a sfiorare da un lato l'Oceano Atlantico e dall'altro il Mar Rosso. E la sabbia la fa da padrone in tutta questa immensità. In questo luogo si ha il tempo di mettersi in ascolto del proprio respiro e del battito del proprio cuore.

Per questo motivo Adriano lo ama. Perché qui non ci sono domande e quesiti difficili.

Non c'è malinconia, perché non c'è memoria. Come il vento che si alza al primo spuntare del sole per scacciare via il sonno, così questa immensità azzera i ricordi, e non resta che mettersi in ascolto di se stessi.

Ma il deserto non è così solitario come sembra all'occhio distratto del viaggiatore.

Se sai ascoltare, vedi cose meravigliose.

Nel deserto la vita si sviluppa sopra e sotto la sabbia Ci sono centinaia di specie animali che ci vivono abi-

---

2 Copricapo: cappello, berretto.

tualmente: uccelli, rettili e mammiferi e anche pesci e molluschi intrappolati in sperdute pozze d'acqua.

Il paesaggio inizia a cambiare man mano che la carovana si avvicina alla costa. Adriano punta a raggiungere Gadamesh, città di confine tra la sabbia e la civiltà, per poi puntare sulla città costiera di Sabratha, ricca di ricordi dell'impero romano.

Gradualmente gli aridi arbusti[3] lasciano il posto a palme rigogliose. Il paesaggio non è più monotono ma ricco di vegetazione. Siamo vicini alla costa.

La vita rinasce come il destino ritorna a sorridere alla dolce Amira. Cavalli e uomini costeggiano le alte mura a protezione della *perla del deserto*, Gadamesh. Dietro le mura gli uomini possono scorgere le porte decorate delle case e i piccoli balconi che si affacciano sui vicoli stretti del centro storico.

Intorno alla città, fuori le mura, si possono scorgere bellissimi tronchi pietrificati, a ricordare a tutti che il Sahara un tempo era una foresta rigogliosa e viva. Ma il tempo e la mancanza di piogge hanno regalato a questa terra un futuro diverso.

La carovana ora avanza velocemente e tra non molto raggiungerà il porto di Tarables. Il Sahara con le sue solitudini è ormai alle spalle[4].

---

3 Arbusto: pianta legnosa che non supera i 5 metri.
4 Avere qualcosa alle spalle: dimenticare qualcosa, non pensarci più.

ESERCIZI OTTAVO CAPITOLO

PER CAPIRE MEGLIO

1 Rispondi alle domande.

1. Perché Amira ride?
a. Adriano le racconta una storia divertente.
b. È felice perché può mangiare i gamberetti.
c. È tornata a casa.

2. Chi è Ahmed?
a. Il padre di Amira.
b. L'aiutante di Adriano.
c. Un amico di Adriano.

3. Chi sono i Tuareg?
a. La band preferita di Ahmed.
b. Un popolo nomade.
c. Un gruppo para-militare.

4. Adriano perché ama il Sahara ?
a. Gli permette di non pensare.
b. Si respira aria pulita.
c. Gli ricorda l'estate dell'infanzia.

5. Dove si trova la città di Gadamesh?
a. Nell'Antico Egitto.
b. In India.
c. Tra la sabbia e la civiltà.

Parla come un italiano

2 Che significa *essere il braccio destro* di qualcuno?

a. Aiutare qualcuno con il braccio destro.
b. Essere un suo amico.
c. Essere il suo aiutante.

Gioca con il lessico

3 Abbina l'espressione all'immagine:

a

1. Lui ha mal di denti.

2. Ho mal di testa.

3. Lei ha mal di pancia.

b

4. Lui ha il raffreddore.

d

c

Un po' di grammatica

Nel deserto la vita si sviluppa sopra e sotto la sabbia.
Ci sono centinaia di specie animali che ci vivono abitualmente.
Ci = nel deserto

4 Rispondi alle domande con "*ci*" e con il verbo corretto:

Vai spesso a Milano? Si, ci vado spesso.

a. Ti piace andare al cinema? No,_____raramente.
b. Vai in Russia la prossima estate? No, non_____.
c. Vai all'Hermitage domani? Si,_____domani alle 13.
d. Lavorate ancora in banca? Si,_____da tre anni.
e. Io vado in vacanza a giugno, e tu? Io_____a settembre.

Per questo motivo Adriano lo ama.
Lo = il deserto

5 Scegli il pronome diretto giusto.

a. Compri le banane? Si, **le/li** compro.
b. Volete il caffè? Si, grazie. **Lo/Li** prendiamo volentieri.
c. I ragazzi guardano la partita? Si, **la/le** guardano alla tv.
d. Sai dov'è Campo de' Fiori? No, non **lo/li** so.
e. Chi porta il dolce? **Lo/la** porta Paolo.
f. Prendi l'autobus per tornare a casa. No, non **lo/la** prendo, vado a piedi.

Lessico

6 Scrivi il nome sotto il disegno corrispondente:
cavallo, uccello, pesce, serpente, dromedario o cammello arabo.

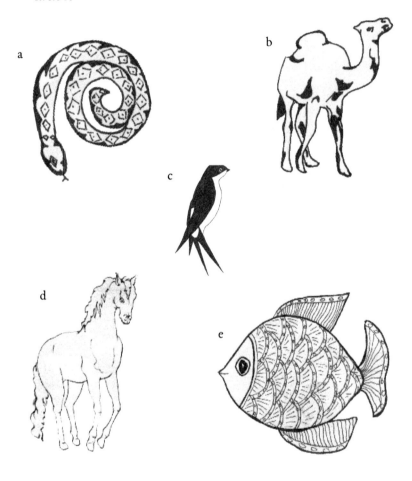

Nono capitolo
Arrivo a Tarables

Adriano scorge in lontananza il mare e il suo cuore si riempie di gioia. Sono quasi salvi.

La carovana fa il suo ingresso in città da una strada secondaria e si ritrovano nei vicoli stretti della Medina, la città vecchia. Le stradine sono piene di botteghe di artigiani che lavorano e vendono tessuti e metalli. Nella Medina si può comprare di tutto: vestiti, orologi, oggetti preziosi, spezie e ogni tipo di cibo. Gli uomini scendono da cavallo e si incamminano a piedi in questo labirinto di colori e odori.

Amira è affascinata, incantata, è la prima volta che vede un mercato cittadino. Le stradine colorate la conquistano subito e per un attimo desidera restare lì, fra quei vicoli, invecchiare[1] in una bottega, ricamando sciarpe per le giovani donne di Tarables.

Adriano si ferma sotto il campanile della chiesa cristiana, costruita dagli italiani molti anni prima. Al centro del campanile c'è un grande orologio antico, Adriano lo guarda e si accorge che è giunta l'ora.

Gli uomini, assetati e stanchi, entrano in una locanda e ordinano da bere e da mangiare. Il comandante,

---

1 Invecchiare: diventare vecchio.

invece, deve accompagnare in gran segreto Amira al porto.

Adriano copre il suo viso alla maniera dei Tuareg e Amira fa lo stesso, coprendo il suo volto, lasciando scoperti solo gli occhi. Così mascherati nessuno li può riconoscere. I due camminano veloce tra i vicoli e in un attimo raggiungono la banchina del porto. In pochi minuti Amira è salita a bordo della nave. Adriano parla col capitano e gli affida le sorti della giovane donna. Tutto è pronto, la nave parte e Amira inizia a piangere forte, di gioia ma anche di dolore, perché deve dire addio al suo salvatore.

Ma la vita è così, e Adriano lo sa. Con la mano saluta Amira e con lo sguardo la accompagna oltre la linea dell'orizzonte. Anche il viso del nostro comandante si bagna di una lacrima, ma non sappiamo se di gioia o di dolore.

ESERCIZI NONO CAPITOLO

Per capire meglio

1 Rispondi alle domande.

1. Perché Adriano è felice quando vede il mare?
a. Perché vuole nuotare.
b. Perché la missione è quasi finita.
c. Perché ama il mare.

2. Cosa fanno gli uomini di Adriano appena arrivati in città?
a. Entrano in una bottega.
b. Vanno al porto.
c. Vanno a mangiare.

3. Perché Adriano e Amira si coprono il viso?
a. Perché c'è molto sole.
b. Per non essere riconosciuti.
c. Per difendersi dal vento.

4. Perché Amira piange?
a. È felice.
b. Ha paura.
c. Deve salutare Adriano.

5. Secondo te, perché Adriano si commuove?
a. Perché vuole salire a bordo anche lui.
b. Perché ha vinto molti soldi.
c. Perché non rivedrà più Amira.

Riflettiamo insieme

Secondo te Adriano piange di gioia o di dolore? E perché?

Tu hai mai pianto di gioia? Parlane con un compagno oppure scrivimi la tua risposta: **vincenzosantoro.snt@gmail.com**

GIOCA CON IL LESSICO

2 Dove puoi comprare questi prodotti?
Inserisci i prodotti nel negozio giusto:
orologio, sciarpa, spezie, camicia, collana, bracciale, pietre preziose, olio d'oliva, formaggio, giacca.

GIOIELLERIA	SALUMERIA	NEGOZIO DI ABBIGLIA-MENTO

3 Inserisci l'articolo determinativo giusto e poi forma il plurale dei nomi e degli articoli.
"Adriano scorge in lontananza il mare"

1. ____madre
2. ____pesce
3. ____carne
4. ____stazione
5. ____ristorante
6. ____fiore
7. ____cameriere
8. ____stagione
9. ____padre
10. ____cuore

68

4 Qual è il contrario?
Collega ogni aggettivo al suo contrario.

a. Felice
b. Affamato
c. Prezioso
d. Antico
e. Giovane

1. Sazio
2. Moderno
3. Vecchio
4. Comune
5. Triste

Decimo capitolo
Fine della storia?

La delicata missione è finita con successo. Adriano prima di ritornare dai suoi uomini passeggia sul lungomare[1]. La sua testa è libera da ogni pensiero ma il suo cuore è pesante. Lentamente cammina fra le palme. A volte si ferma ancora a guardare l'orizzonte. La nave di Amira è ormai un puntino bianco in mezzo al mare blu, sembra quasi un gabbiano che vola a pelo d'acqua.

Siamo al tramonto e l'antico orologio del campanile segna le sette di sera, Adriano allora decide di raggiungere i suoi uomini alla *Locanda del pescatore*. Quando entra sente ridere forte, sono i suoi uomini che festeggiano bevendo vino e mangiando il cous cous. Sono tutti seduti a terra in cerchio e mangiano con le mani direttamente dal piatto, come da tradizione araba.

Adriano li saluta con la mano e si siede su una poltrona nell'angolo del locale.

Ahmed si stacca dalla compagnia e si dirige verso il suo comandante porgendogli un bicchiere pieno di un liquore forte dal gusto fruttato. Si tratta di un'acquavite[2] derivata dalla distillazione di fichi, datteri e uva: la Bocha.

---

1 Lungomare: strada che costeggia il mare.
2 Acquavite: bevanda alcolica derivata dalla distillazione di mosto, cereali o frutta.

Adriano butta giù il primo sorso. Le grasse risate dei suoi uomini, il caldo afoso che entra dalla finestra aperta sul vicolo e la stanchezza per il lungo viaggio confondono i suoi pensieri.

La testa si fa pesante e il corpo sprofonda nella poltrona dove è seduto. Un colpo di vento spalanca la porta d'ingresso e una nuvola di sabbia rossa avvolge il nostro comandante come in un abbraccio.

Gli occhi si chiudono e in pochi instanti si addormenta e inizia a sognare.

Nel cuore della *città eterna*[3], dal portone di un vecchio palazzo, vede un ragazzo che esce di casa con la sua bicicletta e va al mercato di Campo de' Fiori a fare la spesa.

---

3 Città eterna: Roma.

ESERCIZI DECIMO CAPITOLO

PER CAPIRE MEGLIO

1 Rispondi alle domande.

1. Perché gli uomini di Adriano sono felici?
a. Perché la missione è finita.
b. Perché sono al mercato.
c. Perché hanno bevuto il vino.

2. Perché mangiano con le mani?
a. Perché non hanno le forchette.
b. Per seguire la tradizione araba.
c. Perché hanno molta fame.

3. Cosa fa Ahmed quando entra Adriano?
a. Continua a mangiare.
b. Lo saluta con la mano.
c. Si alza e gli offre un bicchiere di liquore.

4. Che cos'è la Bocha?
a. Un frutto esotico.
b. Un liquore fruttato.
c. Un piatto arabo.

5. Cosa fa Adriano quando entra nella locanda?
a. Si addormenta subito.
b. Mangia il couscous.
c. Beve un'acquavite.

Un po' di grammatica

2 Unisci le due frasi come nell'esempio:

Vede un ragazzo. Un ragazzo esce di casa.
Vede un ragazzo che esce di casa.

1. Prendi il formaggio. Il formaggio è nel frigorifero.

2. Ieri ho visto uno spettacolo. Lo spettacolo non mi è piaciuto.

3. Vivo in una casa grande. La casa è molto vicina al mare.

4. Ho prenotato un albergo. L'albergo si trova nel centro di Torino.

5. Ho conosciuto Anna. Anna è una ragazza portoghese.

3 Attento alla preposizione!

Gli occhi si chiudono e in pochi instanti si addormenta e inizia a sognare.

Completa le frasi con le forme verbali corrette e le preposizioni giuste come nell'esempio.

Inizio a lavorare alle 9 e finisco di lavorare alle 18.

1. A che ora (**finire, tu**)_____lavorare domani?
2. Non vanno mai a letto tardi perché (**iniziare**)_____ studiare presto la mattina.
3. (**finire**)_____mangiare e arrivo.
4. Quando (**iniziare, tu**)_____lavorare al nuovo progetto?

73

4 Che ore sono?
Abbina gli orari agli orologi.

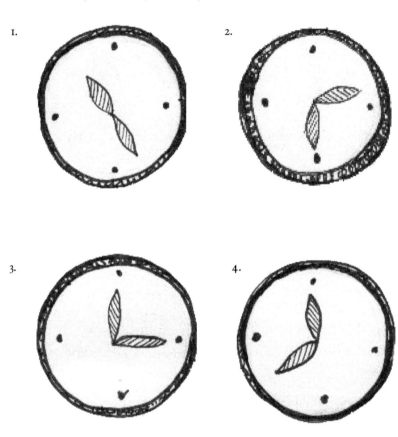

1.
2.
3.
4.

a. Sono le dodici e un quarto.
b. Solo le dieci e venticinque.
c. Sono le sei e dodici.
d. Sono le dodici meno venti.

QUATTRO CHIACCHIERE

Ti è piaciuta la storia che hai appena letto?

Adriano ha fatto bene ad aiutare Amira? E tu, hai mai aiutato una persona in difficoltà?

Cosa farà adesso il nostro eroe? Inizierà un'altra avventura o ritornerà al suo lavoro in trattoria?

Vorresti leggere un'altra storia con Adriano protagonista?

Mettiti in contatto con me tramite e-mail:
vincenzosantoro.snt@gmail.com
e fammi sapere cosa ne pensi di questo libro!

GLOSSARIO PER AREE TEMATICHE

L'abbigliamento

Abito
Cappello
Copricapo
Cotone
Mantello
Sciarpa
Seta
Turbante
Vestito

Gli animali

Gabbiano
Gatto
Giraffa
Leone
Pesce
Rettile
Uccello

Il carattere

Arrogante
Dolce
Cattivo
Felice
Gentile
Noioso
Pensieroso
Rilassato
Tranquillo
Triste

Le caratteristiche fisiche

Alto
Barba
Bellissimo
Giovane

La casa

Armadio
Arredamento
Balcone
Bagno
Camera da letto
Cucina
Dispensa
Divano
Lampada
Letto matrimoniale
Libreria
Parete
Poltrona
Porta
Soggiorno
Specchio
Stanza
Tappeto
Tavolo
Tavolino
Terzo piano

Il cibo e le bevande

Acqua
Aglio

Arancia
Basilico
Bruschetta
Caffè
Cornetto
Colazione
Cous cous
Datteri
Espresso
Fichi
Frutta
Gamberetti
Ingredienti
Limoncello
Limone
Mandarino
Mandorla
Melanzana
Melone
Menta
Olio extravergine di oliva
Oliva
Orata
Pasta
Pepe
Pesce
Pomodoro
Pomodorini
Prezzemolo
Prodotti
Ragù
Sale
Spaghetti
Spezia
Sugo
Tè

Uva
Verdura
Vino
Vongole

La città

Bar
Bottega
Casa
Campanile
Centro storico
Locale
Locanda
Lungofiume
Lungomare
Mercato
Mura
Palazzo
Piazzetta
Piscina
Porto
Quartiere
Teatro
Trattoria
Stazione
Strada
Università
Vicolo

Il corpo umano

Braccio
Collo

Cuore
Labbra
Mano
Schiena
Spalla
Occhio
Viso

I colori

Arancione
Bianco
Blu
Giallo
Nero
Rosa
Rosso
Verde

La famiglia

Mamma
Marito
Moglie
Nonna
Nonni
Papà
Sorella

I mezzi di trasporto

Bicicletta
Nave
Tram
Treno

Il paesaggio

Altopiano
Cielo
Collina
Costa
Deserto
Duna
Fattoria
Fiore
Fiume
Fuoco
Giungla
Isola
Lago
Luna
Mare
Montagna
Oasi
Oceano
Orizzonte
Paesaggio
Palma
Pietra
Roccia
Sabbia
Stella
Torrente
Tramonto
Valle
Vento

Le professioni

Allenatore di calcio

Artigiano
Attore
Cameriera
Cantante lirica
Chef
Comandante
Direttore
Fioraio
Guida turistica
Insegnante
Pastore
Pittore
Traduttore

Il clima

Caldo
Nebbia
Nuvola
Pioggia
Temperatura

La giornata

Alba
Mattina
Pomeriggio
Sera
Tramonto

Stagioni

Estate
Primavera

Soluzioni

Capitolo primo
1) 1. a; 2. c; 3. a; 4. b; 5. c;
2) 1. b; 2. c; 3. a;
3) a. televisione; b. cucina; c. frigorifero;
4) 1. vive; 2. abita; 3. studia; 4. vivono; 5. va;
5) a; in; in; in; a; in;

Capitolo secondo
1) 1. c; 2. a; 3. c; 4. a; 5. a;
2) i pronomi "le" e "ne" sostituiscono la parola "le orate".
3) a. la; b. ne; c. la; d. ne; e. le; f. ne; g. ne; h. li;
4) vado dal pescivendolo, dentista, fornaio, salumiere; vado in trattoria, panetteria, pescheria, salumeria; vado al mercato, bar, ristorante, cinema;
5) il dialogo tra Franca e Adriano è informale;
6) Ciao; Ciao; prendi; te; ti; te; ciao; ciao;
7) a. cetriolo; b. limone; c. zucca; d. albicocca; e. peperone; f. banana;

Capitolo terzo
1) 1. c; 2. b; 3. b; 4. c; 5. c;
2) a. mi piace; b. mi piacciono; c. mi piace; d. mi piace; e. mi piace; f. mi piace;
3) a. buttare la pasta; b. mescolare il ragù; c. tagliare le verdure; d. aggiungere un po' di vino;
4) tagliare, prendere, rosolare, aggiungere, evaporare, aggiungere, cuocere, aggiungere, salare, pepare, mescolare, aggiungere, cuocere, versare, cuocere, buttare, scolare, mettere, amalgamare, impiattare;
5) a. 2; b. 1; c. 3;

Capitolo quarto
1) 1. b; 2. b; 3. c; 4. b; 5. b;
2) il traduttore - la traduttrice; il maestro - la maestra; il cuoco - la cuoca; l'allenatore - l'allenatrice; il professore - la professoressa; il cameriere - la cameriera; il cantante - la cantante;
3) Flavio 1; Chiara 4; Alice 5; Paul 3; Gabriele 2;
4) 1. c; 2. a; 3. b;

Capitolo quinto

1) 1. c; 2. a; 3. a; 4. b; 5. a;

2) a. mi sveglio, b. si alzano; c. si riposa; d. si rilassa; e. ti vesti; f. si lavano;

3) a. lava; b. si lava; c. si sveglia; d. sveglia ;e. allena; f. si allena;

4) 1. d; 2. a; 3. e; 4. c; 5. b;

Capitolo sesto

1) 1. b; 2. b; 3. b; 4. b; 5. a;

2) a. antica; b. lungo; c. giovane; d. giovane; e. nuovo;

3) a. ha; b. ha; c. è; d. hanno; e. è; f. è;

4) si svegliano; si veste; fuma; prepara; tagliano; beve; mangiano; beve;

5) 1. b; 2. e; 3. a; 4. c; 5. d;

6) a. testa, b. orecchio; c. braccio; d. pancia; e. gamba; f. mano, g. piede;

Capitolo settimo

1) 1. a; 2. a; 3. b; 4. c; 5. b;

2) il sarto - la sarta; il marinaio - i marinai; lo scrittore - gli scrittori;
la maestra - le maestre; lo studente - gli studenti; il cuoco - i cuochi;
il traduttore - i traduttori;

3) a. sta ascoltando la musica; b. sta prendendo il sole; c. sta facendo la doccia;

4) oasi; duna; deserto;

6) notte; alba; onde;

7) 1. notte, stelle; 2. fulmine; 3. lampi; 4. mare, onde; 5. nebbia; 6. alba;

Capitolo ottavo

1) 1. a; 2. b; 3. b; 4. a; 5. c;

2) c. essere il suo aiutante;

3) 1. a; 2. d; 3. c; 4. b;

4) a. ci vado; b. ci vado; c. ci vado; d. ci lavoriamo; e. ci vado;

5) a. le; b. lo; c. la; d. lo; e. lo; f. lo;

6) a. serpente; b. cammello; c. uccello; d. cavallo; e. pesce;

Capitolo nono

1) 1. b; 2. c; 3. b; 4. c; 5. c;

2) gioielleria: orologio, collana, bracciale, pietre preziose; salumeria: spezie, olio d'oliva, formaggio; negozio di abbigliamento: sciarpa, camicia, giacca;

3) 1. la, le madri; 2. il, i pesci; 3. la, le carni; 4. la, le stazioni; 5. il, i ristoranti; 6. il, i fiori; 7. il, i camerieri; 8. la, le stagioni; 9. il, i padri; 10 il, i cuori;

4) a. 5; b. 1; c. 4; d. 2; e. 3;

Capitolo decimo

1) 1. a; 2. b; 3. c; 4. b; 5. c;

2) 1. Prendi il formaggio che è nel frigorifero; 2. Ieri ho visto uno spettacolo che non mi è piaciuto; 3. Vivo in una casa grande che è molto vicina al mare; 4. Ho prenotato un albergo che si trova nel centro di Torino; 5. Ho conosciuto Anna che è una ragazza portoghese;

3) 1. finisci di; 2. iniziano a; 3. finisco di; 4. inizi a;

4) 1. b; 2. c; 3. a; 4. d;

Vogliamo ringraziare Marco, Ilaria, Fulvio, Ilya, Roberto e Alessandra.

E-mail:
vincenzosantoro.snt@gmail.com

Il sito:
www.santorovincenzo.com

Note:

Printed in Great Britain
by Amazon